Mariana C.

Povestea mea interioqră

2024

1. ,,Armonia in cuplu''
- explorează diverse aspecte ale relațiilor umane, de la comunicare și empatie, la rezolvarea conflictelor și construirea unei relații de cuplu sănătoase și echilibrate.

2. ,,Vindecarea rănilor emoționale în relații''
- este o carte profundă,care explorează complexitatea relațiilor interpersonale și impactul pe care trecutul emoțional îl poate avea asupra lor.

3. "Cum sa iti gasesti sufletul pereche"
- se adreseaza celor care își doresc sa gaseasca dragostea adevarata si sa-si gaseasca sufletul pereche.

4."Reconstruirea unei relații deteriorate"
- este un ghid util și practic pentru persoanele care se confruntă cu dificultăți în relațiile lor.

5."Depășirea limitărilor mentale"- este o resursă valoroasă pentru oricine își dorește să-și depășească propriile limitări mentale și să trăiască o viață plină de succes și împlinire.

6. ,,Zâmbetul din oglindă" - este un ghid util pentru oricine dorește să-și îmbunătățească stima de sine și să-și atingă potențialul maxim.

7. "Rescrie-ți povestea" este o carte care abordează tema depășirii traumelor din copilărie și construirii unui viitor mai luminos.

8. "Umbrele trecutului" -este o carte care explorează teme precum iubirea, pierderea și curajul de a merge mai departe.

9 ,,Poveștile din copilărie" - este o carte care explorează principiile psihologiei pozitive și modul în care putem fi fericiți și mulțumiți fără să avem nevoie de motive externe pentru aceasta.

"Povestea mea interioară" este
o carte fascinantă care te poartă intr-o călătorie
interioară profundă în lumea gândurilor și
emoțiilor noastre.
Autoarea,explorează felul în care mintea
noastră funcționează, cum ne influențează
gândurile asupra reacțiilor noastre și cum
putem să ne eliberăm de gândurile noi și să ne
descoperim adevărata identitate.
Mariana C. ne transmite înțelepciunea
dobândită din studiile sale în psihologie și
dezvoltare personală.
Cartea abordează subiecte precum
auto-acceptarea, depășirea fricilor,
și găsirea echilibrului interior.

"Povestea mea interioară" este
o lectură captivantă, care te provoacă să
reflectezi asupra propriilor gânduri și
comportamente și să începi să-ți explorezi
propria lume interioară. Este o carte care te va
inspira să devii mai conștient de tine însuți și să-
ți descoperi puterea interioară.
Este o carte esențială pentru oricine dorește să-
și descopere și să-și evalueze propria minte și
suflet. Este o călătorie psihologică pe care cu
siguranța nu vei regreta că ai întreprins-o.

Capitolul 1: Începutul călătoriei

Într-o dimineață liniștită, te trezești cu gândul că este momentul să te retragi pentru câteva zile de lumea agitată și să începi o călătorie psihologică cu propriile gânduri. Îți pregătești bagajul cu răbdare și hotărâre, știind că acesta va fi un drum plin de provocări și descoperiri.

Capitolul 2: Drumul către izolare

Plecarea este dificilă, dar necesară. Te îndrepți către un loc izolat, unde poți fi singur cu tine însuți și cu propria ta minte. Încetul cu încetul, începi să renunți la agitația exterioară și să te concentrezi asupra gândurilor tale.

Capitolul 3: Confruntarea cu fricile și anxietățile

Pe măsură ce te afunzi în propria ta lume interioară, începi să te confrunți cu fricile și anxietățile care te-au bântuit de-a lungul timpului. Îți pui la încercare limitele și încerci să depășești acest obstacole care îți stă în cale.

Capitolul 4: Căutarea în adâncurile sufletului

În căutarea de răspunsuri și clarificări, te adâncești în adâncurile sufletului tău, explorând amintiri, trăiri și sentimente ascunse. În acest proces de autocunoaștere, descoperi lucruri noi despre tine însuți și despre lumea din jur.

Capitolul 5: Regăsirea echilibrului interior

Pe măsură ce călătoria avansează, începi să-ți regăsești echilibrul interior și să-ți găsești pacea interioară. În locul tulburării și neliniștii, simți o calmă profundă și o înțelegere mai mare a propriei tale ființe.

Capitolul 6: Acceptarea propriei vulnerabilități

În fața propriei tale vulnerabilități, înveți să accepți și să îmbrățișezi toate aspectele tale, bune sau rele. Îți dai seama că acestea fac parte din tine și că te definesc ca ființă umană.

Capitolul 7: Întâlnirea cu propria putere interioară

Pe măsură ce devii tot mai conștient de propria putere interioară, începi să-ți recunoști și să-ți valorifici resursele interioare. În loc de a te teme de ele, le abordezi cu curaj și încredere.

Capitolul 8: Eliberarea de trecut

Călătoria psihologică devine și mai profundă pe măsură ce începi să te eliberezi de povara trecutului. Îți ierți greșelile și îți vindeci rănile emoționale, lăsând loc pentru noi începuturi și posibilități.

Capitolul 9: Reîntoarcerea către lumea exterioară

Cu inima și mintea împăcate, te pregătești să te întorci către lumea exterioară, aducând cu tine învățămintele și lecțiile învățate în călătoria ta interioară. Te simți mai puternic și mai înțelept, gata să faci față oricăror provocări care îți stau în cale.

Capitolul 10: Continuarea călătoriei

Călătoria psihologică este un proces continuu, care nu se termină odată ce te întorci către lumea exterioară. Continui să explorezi, să descoperi și să te transformi pe parcursul întregii tale vieți, aducând lumină și înțelepciune în fiecare colț ascuns al ființei tale.

Într-o dimineață liniștită, te trezești cu gândul că este momentul să te retragi pentru câteva zile de lumea agitată și să începi o călătorie psihologică cu propriile gânduri. Îți pregătești bagajul cu răbdare și hotărâre, știind că acesta va fi un drum plin de provocări și descoperiri.

Călătoria ta interioară va începe în curând și nu știi exact ce te așteaptă, dar ești hotărât să te lansezi în această experiență cu inima deschisă și mintea curioasă.

Pornești pe drumul tău cu un sentiment de entuziasm și curiozitate, dar și cu o ușoară frică a necunoscutului. Nu știi exact unde te va duce această călătorie interioară, dar simți că este momentul să faci acest pas și să începi să explorezi adâncurile propriului tău suflet.

Îți propui să te oprești în locuri pline de liniște și frumusețe, în care să îți poți asculta gândurile și să îți poți descoperi cu adevărat emoțiile ascunse.

Alegi să mergi la munte, în mijlocul naturii sălbatice, unde să poți lăsa tot stresul și agitația orașului în urmă.

Pe drum, te oprești câteodată să admiri peisajele incredibile și să te conectezi cu natura, simțindu-te parte din întregul univers. Aerul proaspăt și pădurile bogate îți purifică mintea și sufletul, dându-ți un simț de eliberare și regăsire a echilibrului interior. Ajungi la cabana situată în vârful muntelui și îți faci un mic cuib acolo, unde să poți medita și să îți lași gândurile să zboare. Îți aprinzi o lumânare și stai în liniște, ascultând sunetul pădurii și simțind mirosul de rășină.

În aceste momente de tihnă și contemplare, începi să îți examinezi cu atenție propriile emoții și reacții, încercând să înțelegi mai bine ce anume te frământă și te motivează în viața de zi cu zi. Îți aduci aminte de trecutul tău și de experiențele care te-au format ca individ, reflectând asupra modului în care acestea îți influențează prezentul.

Îți dai seama că există multe aspecte ale ființei tale pe care nu le-ai explorat în profunzime și îți propui să faci o analiză detaliată a propriei tale personalități. Începi să scrii într-un jurnal toate gândurile și sentimentele tale, încercând să pătrunzi în straturile ascunse ale propriului tău suflet.

Descoperi emoții pe care, poate, nu le-ai mai simțit de mult timp și îți dai seama că este important să le accepți și să le explorezi în profunzime pentru a putea evolua și a te cunoaște mai bine. În această călătorie interioară, îți propui să fii sincer cu tine însuți și să îți accepți întregul ființă, cu toate calitățile și defectele ei.

Începi să te eliberezi de constrângerile și prejudecățile care te-au ținut legat de propriile tale limite și începi să îți deschizi inima către noi experiențe și posibilități. Îți dai voie să fii vulnerabil și să îți exprimi cu sinceritate emoțiile, încercând să te reconectezi cu partea ta autentică și pură.

În aceste momente de introspecție și autoanaliză, începi să simți o eliberare interioară și o căldură care îți cuprinde sufletul. Îți dai seama că este important să îți asculți propriile dorințe și să îți urmezi adevărata ta pasiune, fără să te lași influențat de așteptările și judecățile altora.

Îți propui să îți trăiești viața cu autenticitate și curaj, să îți urmezi propria ta cale cu încredere și hotărâre. Îți dai seama că adevărata fericire nu constă în a ajunge la destinație, ci în a savura călătoria în sine și în a te bucura de fiecare moment în parte.

Pe măsură ce zilele trec și experiențele se succed, simți o transformare profundă în interiorul tău, o schimbare care îți dă o nouă perspectivă asupra vieții și a propriei tale ființe. Începi să îți trăiești viața cu mai multă pasiune și autenticitate, să îți dai voie să fii cu adevărat tu însuți, fără compromisuri sau imposturi.

Călătoria interioară devine astfel un proces de autocunoaștere și autocuratire, un drum spiritual care te conduce către înțelegerea și acceptarea de sine. Îți dai seama că adevărata ta putere stă în capacitatea de a te conecta cu propria ta esență și de a te elibera de orice frică sau îndoială.

Drumul către izolare

Plecarea este dificilă, dar necesară. Te îndrepți către un loc izolat, unde poți fi singur cu tine însuți și cu propria ta minte. Încetul cu încetul, începi să renunți la agitația exterioară și să te concentrezi asupra gândurilor tale.

Sentimente te vor copleși, însă îți dorești să înfrunți această provocare. Simți o dorință puternică de a te cunoaște mai bine, de a înțelege motivele și gândurile care te-au condus la acest moment.

Ajuns în locul ales pentru izolare, primele zile sunt dificile. Fiecare sunet, fiecare mișcare în jurul tău pare să-ți izbească sufletul cu o intensitate copleșitoare. Te simți coplesit de singurătate și te întrebi dacă ai făcut alegerea corectă. Dar îți amintești de motivele care te-au adus aici și te încurajezi să mergi mai departe.

Încetul cu încetul, începi să îți găsești ritmul. Îți faci un program zilnic, în care incluzi timp pentru meditație, scris și contemplare. Începi să îți pui întrebări despre tine însuți, să analizezi acțiunile și deciziile tale și să încerci să găsești răspunsuri. Descoperi emoții și gânduri ascunse, pe care nu ți-ai imaginat că le ai.

Îți vine în minte o mulțime de amintiri și momente, pe care le explorezi cu atenție și sinceritate.

Pe măsură ce zilele trec, începi să îți dai seama că izolarea nu este doar o perioadă de lipsă de stimuli exteriori, ci și o oportunitate de a te conecta cu tine însuți mai profund. Începi să îți descoperi pasiuni și interese noi, să găsești plăcere în activități simple și să îți clarifici valorile și obiectivele personale.

Sincronizarea cu natura din jurul tău devine tot mai importantă. Îți petreci timp în mijlocul pădurii, ascultând ciripitul păsărilor și zgomotul vântului în frunze. Te plimbi pe malul unui râu, simțindu-te conectat la forțele naturii și la energia vieții. Începi să îți dai seama că izolarea nu este doar despre singurătate și liniște, ci și despre regăsirea legăturii profunde cu lumea din jurul tău.

În momentele de introspecție și contemplare, începi să îți explorezi temerile și blocajele interioare. Îți dai seama că există aspecte ale personalității tale care au fost neglijate sau ignorate în trecut și începi să lucrezi la ele. Îți accepți vulnerabilitățile și începi să le transformi în puncte de forță și de creștere personală.

Pe măsură ce timpul trece, descoperi că izolarea este un proces de vindecare și de regenerare a sufletului. Îți asumi responsabilitatea pentru propria ta fericire și începi să îți construiești propria realitate în armonie cu tine însuți și cu lumea din jurul tău. Te simți mai puternic și mai încrezător în propriile tale resurse și capacități.

Izolarea este adesea privită ca fiind un proces negativ, asociat cu singurătatea și lipsa de conexiune cu ceilalți. Cu toate acestea, pe măsură ce timpul trece, mulți descoperă că izolarea poate fi, de fapt, un proces de vindecare și regenerare a sufletului. În loc să te simți singur și izolat, începi să te descoperi pe tine însuți și să îți explorezi emoțiile și gândurile într-un mod profund și autentic.

Atunci când ești izolat, ești forțat să faci față propriilor tale gânduri și sentimente fără distrageri externe sau influențe negative. Acest lucru te poate determina să te conectezi mai profund cu tine însuți și să îți asumi responsabilitatea pentru propria fericire și bunăstare. În loc să te bazezi pe ceilalți pentru a-ți oferi validare și sprijin emoțional, începi să îți creezi propriul sistem de susținere și să te întărești din interior.

Pe măsură ce te afunzi mai adânc în izolare,

începi să te redescoperi pe tine însuți și să îți explorezi mai profund visele, aspirațiile și pasiunile. Poate că vei descoperi că ai interese sau abilități pe care nu le-ai cunoscut până acum, sau că există aspecte ale personalității tale pe care vrei să le explorezi mai mult. Izolarea îți oferă spațiul și liniștea necesare pentru a te conecta cu tine însuți și pentru a-ți explora autenticul sine.

Izolarea, fie că este auto-impusă sau necesară din cauza circumstanțelor, poate fi o experiență intensă și dificilă. Pentru mulți oameni, această perioadă poate duce la stări de anxietate, tristețe sau chiar depresie. Este important să ne amintim că izolarea nu trebuie să fie văzută ca ceva negativ sau dureros, ci ca o oportunitate de a ne conecta mai profund cu noi înșine și de a ne descoperi adevăratele noastre nevoi și dorințe.

Primele zile în locul ales pentru izolare pot fi cu adevărat clare și tulburătoare. Fiecare sunet, fiecare mișcare în jurul tău pare să aibă o intensitate amplificată. Fiecare gând și emoție pot fi simțite cu o claritate acută, fără distragerea obișnuită a zgomotelor și agitației din lumea exterioară. Este ca și cum fiecare fibră a ființei tale este trează și alertă, pregătită să recepționeze fiecare stimul din mediul înconjurător.

Simți cum sufletul tău este izbit de fiecare emoție și trăire, iar uneori parcă ești coplesit de singurătate și neliniște. Te întrebi dacă ai făcut alegerea corectă sau dacă ești pregătit să faci față acestei aventuri interioare, fără suportul și confortul obișnuit al relațiilor și rutinei zilnice. Este ca și cum ai fi prins într-un vârtej emoțional și mental, fără un refugiu sigur sau o cale de scăpare imediată.

Totuși, în mijlocul acestui furtună interioară, îți amintești de motivele care te-au condus în acest loc și te încurajezi să mergi mai departe. Poate ai ales să îți iei o pauză de la agitația și presiunea cotidiană, să te reînnoiești și să te regăsești pe tine însuți în tihnă și liniște. Poate ai simțit nevoia de a te reconecta cu natura și cu sursa ta interioară de putere și inspirație. Sau poate ai fost nevoit să te izolezi din motive de sănătate sau siguranță și acum te afli în fața unei noi provocări, pe care ești hotărât să o înfrunți cu curaj și hotărâre.

Indiferent de motivele care te-au adus aici, este important să îți amintești că această perioadă de izolare poate fi o oportunitate de creștere și transformare. Poți folosi această ocazie pentru a te cunoaște mai bine, pentru a-ți descoperi pasiunile și talentele ascunse, pentru a-ți vindeca rănile și pentru a-ți regăsi echilibrul interior. Este un moment de resetare și regenerare, în care poți să te reconectezi cu esența ta autentică și să îți redefinești scopul și direcția vieții tale.

Pe măsură ce zilele trec și te obișnuiești cu ritmul și liniștea locului de izolare, vei începe să simți cum tensiunea și anxietatea din interiorul tău se estompează treptat. Fiecare răsărit de soare și fiecare adiere de vânt îți aduc o stare de calm și pace interioară, care te umple de bucurie și recunoștință pentru frumusețea și armonia lumii înconjurătoare. Simți cum inima ta se deschide treptat către noi posibilități și experiențe, iar mintea ta se limpezește și devine mai clară și mai receptivă.

În această izolare profundă și introspectivă, îți dai seama că nu ești singur și că ai întotdeauna acces la o sursă neîntreruptă de iubire, vindecare și înțelepciune. Poți să te conectezi cu tine însuți și cu energia universală a Universului, care te susține și te îndrumă în fiecare pas al drumului tău. Poți să îți ridici ochii către ceruri și să ceri îndrumare și înțelepciune divină, încredințându-te că vei fi ghidat și protejat în tot ceea ce faci și decizi.

Pe măsură ce te lași purtat de fluxul inimii tale și te deschizi noilor experiențe și învățăminte, vei descoperi că izolarea poate fi o sursă de putere și inspirație, care te ajută să te transformi și să te eliberezi de fricile și blocajele trecutului. Poți să folosești această perioadă pentru a-ți clarifica viziunea și obiectivele tale, pentru a-ți pune în aplicare visele și aspirațiile, pentru a-ți crea o viață autentică și împlinitoare, în armonie cu adevărul tău interior.

Izolarea poate fi o poartă către o nouă dimensiune a ființei tale, în care să-ți descoperi adevărata ta natură și să-ți exprimi autenticitatea și creativitatea interioară. Poți să folosești această perioadă pentru a-ți cultivă pasiunile și talentele, pentru a-ți înfrunta temerile și limitele, pentru a-ți trăi viața în deplinătate și conștiență, înțelegând că fiecare moment este o ocazie de creștere și evoluție.

Astfel, în locul ales pentru izolare, poți să îți găsești calea către propria ta lumină și adevăr, către sursa ta interioară de putere și cunoaștere. Poți să îți descoperi adevărata ta esență și să-ți redefinești scopul și direcția vieții tale, înțelegând că ești o ființă divină și autentică, înzestrată cu toate resursele și darurile necesare pentru a-ți îndeplini misiunea pe acest Pământ. Poți să fii cu adevărat liber și împlinit, trăind în bucurie și echilibrul interior, înțelegând că totul este perfect așa cum este și că tu ești creatorul propriului destin și fericire.

În această izolare profundă și introspectivă, îți dai seama că nu ești singur și că ai întotdeauna acces la o sursă neîntreruptă de iubire, vindecare și înțelepciune.

Ajuns in cabana din vârful muntelui ,ai timp și liniște pentru tine și gândurile tale.Pe măsură ce te afunzi în propria ta lume interioară, începi să te confrunți cu fricile și anxietățile care te-au bântuit de-a lungul timpului. Îți pui la încercare limitele și încerci să depășești acest obstacole care îți stă în cale această confruntare cu fricile și anxietățile o puternică conexiune cu tine însuți și începi să îți dai seama de puterea ta interioară.

În timp ce reflectezi asupra fricilor tale, începi să înțelegi de ce acestea au apărut în viața ta. Poate că frica ta vine din traume din copilărie sau din experienețe negative din trecut. Începi să observi cum aceste frici îți afectează comportamentul și alegerile pe care le faci în viață și îți dorești să le depășești.

Ai timp să explorezi aceste frici, să le analizezi și să le înțelegi mai bine. Începi să îți dai seama că frica este doar o emoție trecătoare și că poți să o depășești.

Îți propui să îți schimbi perspectiva și să îți reconfigurezi gândirea într-un mod pozitiv.

În această izolare, începi să practici tehnici de meditație și mindfulness pentru a-ți înfrunta fricile și anxietățile. Îți permiți să simți aceste emoții și să le accepți fără a te lăsa copleșit de ele. Începi să te conectezi cu puterea interioară și să descoperi resursele pe care le ai pentru a depăși aceste obstacole.

Pe măsură ce continui să te confrunți cu fricile tale, începi să observi că acestea devin tot mai slabe și mai puțin înspăimântătoare. Sănătatea ta mentală se îmbunătățește și simți că ești pe drumul cel bun către vindecare și înțelegere.

In timp ce continui să explorezi aceste laturi ascunse ale ființei tale, începi să îți dai seama că iubirea și acceptarea de sine sunt cele mai puternice instrumente pe care le ai pentru a depăși fricile și anxietățile. Începi să te iubești și să îți accepți așa cum ești, cu toate fricile și imperfecțiunile tale.

Pe măsură ce te conectezi tot mai profund cu tine însuți, începi să simți un sentiment de pace și împlinire interioară. Îți dai seama că ești puternic și capabil să depășești orice obstacole care îți ies în cale.

Te simți recunoscător pentru această perioadă de izolare care ți-a oferit oportunitatea să te descoperi în profunzime și să te vindeci.

În timp ce te lași purtat de valul gândurilor tale, începi să îți dai seama că fricile și anxietățile tale sunt de fapt proiecții ale propriilor tale temeri și nesiguranțe. Te îndrepți spre originile acestor emoții și încerci să le înțelegi profunzimea. Descoperi că multe dintre ele sunt legate de traume sau experiențe dureroase din trecut, care au marcat în mod subtil modul în care te raportezi la tine însuți și la lumea din jur.

Pe măsură ce te confrunți cu aceste adâncimi ale ființei tale, simți o eliberare interioară și o vindecare profundă în sufletul tău. Îți dai seama că acceptarea și iertarea de sine sunt cheia pentru a depăși aceste frici și anxietăți. Începi să îți accepți propria vulnerabilitate și să îți recunoști puterea interioară de a te vindeca și a te transforma.

Descoperi că ai întotdeauna acces la o sursă inepuizabilă de iubire și vindecare în interiorul tău, că ești înconjurat de o energie divină care te protejează și te călăuzește pe drumul tău către vindecarea interioară.

Îți întărești legătura cu propria ta sursă divină și îți descoperi propria esență autentică, care strălucește din ce în ce mai puternic pe măsură ce te eliberezi de frici și anxietăți.

În această izolare profundă și introspectivă, îți dai seama că ești într-adevăr conectat cu toate ființele din univers, că există o rețea invizibilă care ne leagă pe toți într-un mod subtil și profund. Începi să simți că fiecare acțiune și gând al tău contează și că poți aduce schimbări pozitive în lumea din jur prin propria ta transformare interioară.

În cele din urmă, ajungi să îți exprimi gratitudinea pentru această perioadă de izolare și introspecție, pentru că te-a condus pe un drum de auto-descoperire și transformare profundă. Îți asumi angajamentul de a continua să explorezi aceste adâncimi ale ființei tale și de a te alinia cu adevărata ta natură, pentru a putea trăi viața în deplinătate și autenticitate.

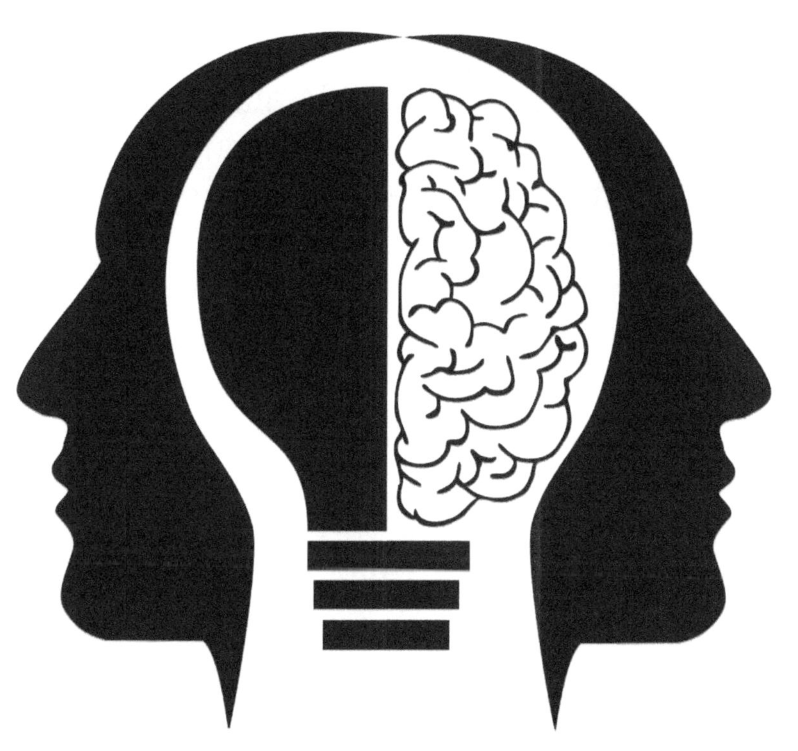

Căutarea în adâncurile sufletului.

Acolo in cabana din vârful muntelui, in liniștea naturii ai timp și spațiu pentru tine și gândurile tale.

În căutarea de răspunsuri și clarificări, te adâncești în adâncurile sufletului tău, explorând amintiri, trăiri și sentimente ascunse. În acest proces de autocunoaștere, descoperi lucruri noi despre tine însuți și despre lumea din jur,sentimentele, emoțiile și gândurile tale.

Analizează-ți trăirile și explorează motivațiile din spatele acțiunilor tale. Te întrebi de ce simți ceea ce simți, de ce gândești ceea ce gândești și cum poți să te îmbunătățești în continuare.

În adâncurile sufletului, te confrunți cu fricile tale, cu neînțelegerile și cu blocajele emoționale. Îți recunoști vulnerabilitățile și îți accepți imperfecțiunile, învățând să le integrezi în tine și să le gestionezi în mod constructiv. Te desprinzi de prejudecăți și de auto-limitările impuse de tine sau de alții, deschizându-ți sufletul către noi experiențe și perspective.

Prin căutarea în adâncurile sufletului, descoperi esența ta adevărată, identitatea ta autentică și valorile tale fundamentale. Îți clarifici prioritățile și obiectivele, conștientizând ce este cu adevărat important pentru tine și ce îți aduce împlinire și fericire. Îți asumi responsabilitatea pentru propria ta viață și alegi să acționezi în conformitate cu ceea ce simți și ceea ce crezi.

În această călătorie interioară, îți dezvolți empatia și înțelegerea față de ceilalți, recunoscând că fiecare persoană are propriile lupte și provocări. Îți exprimi recunoștința pentru conexiunile și relațiile cu cei din jurul tău, conștientizând că suntem cu toții parte a aceluiași univers și că avem nevoie unii de alții pentru a evolua și a trăi în armonie.

Căutarea în adâncurile sufletului devine o călătorie continuă de autocunoaștere și autodescoperire, care îți aduce înțelepciune, pace interioară și echilibru emoțional. Îți asculți intuiția și îți urmezi inima, știind că adevărata fericire și împlinire vin din conștientizarea și acceptarea sinelui tău autentic. Astfel, devii o ființă mai împlinită, mai conectată la esența ta divină și mai pregătită să strălucești lumina ta interioară în lumea exterioară.

În timp ce te cufunzi în adâncurile sufletului, îți dai seama că multe dintre răspunsurile pe care le cauți nu se găsesc în exterior, ci în interiorul tău. Descoperi că ești mai puternic și mai înțelept decât credeai, că ai resurse și capacități neexploatate și că poți depăși orice obstacol sau provocare care îți iese în cale.

Explorând adâncurile sufletului, îți dai seama că răspunsurile la întrebările tale se găsesc în conexiunea cu propria ta ființă și cu universul înconjurător. În liniștea cabanei din vârful muntelui, devii conștient de respirația ta, de pulsul inimii tale și de energia care te învăluie. Îți asculți gândurile și emoțiile, îți recunoști fricile și certitudinile, îți accepți și îți ierți greșelile și îți îmbrățișezi calitățile și talentele.

În această călătorie interioară, înveți să fii în prezent, să te bucuri de fiecare clipă și să apreciezi frumusețea și armonia din jur. Îți deschizi inima către iubire și compasiune, către recunoștință și mulțumire, către echilibru și pace interioară.

În adâncurile sufletului, găsești răspunsuri la întrebările tale cele mai profunde, găsești liniștea și echilibrul de care ai nevoie, găsești sursa ta de putere și înțelepciune. În spatele zgomotului și agitației din exterior, în afara frământărilor și neliniștilor cotidiene, există un loc sacru și sigur în tine, unde poți găsi pacea și armonia, lumina și iubirea care îți dau sens și scop în viață.

Așadar, nu ezita să te avânți în călătoria interioară către adâncurile sufletului tău, către acea cabană din vârful muntelui unde poți fi cu adevărat tu însuți, unde poți asculta și înțelege mesajele universului și poți trăi înțelepciunea și iubirea care te definesc ca ființă umană. Este o călătorie care merită făcută, care îți va aduce lumina și claritatea, pacea și liniștea de care ai atât de multă nevoie în lumea de astăzi agitată și zbuciumată.

Regăsirea echilibrului interior

Pe măsură ce călătoria avansează, începi să-ți regăsești echilibrul interior și să-ți găsești pacea interioară. În locul tulburării și neliniștii, simți o calmă profundă și o înțelegere mai mare a propriei tale ființe.

În timp ce contempli asupra vieții tale, începi să-ți dai seama că mulți dintre gândurile și emoțiile tale negative sunt rezultatul unei relații defectuoase cu tine însuți. Te-ai obișnuit să te critici constant, să-ți neglijezi nevoile și să te compari mereu cu alții. Ai uitat să-ți acorzi timpul și iubirea de care ai nevoie pentru a te dezvolta și a crește în armonie cu propria ta ființă.

Dar acum, începi să observi schimbările pe care le-ai făcut în ultima perioadă. Ai început să accepți și să iubești mai mult persoana care ești cu adevărat. Ai început să ai mai multă grijă de tine, să-ți pui nevoile înaintea altora și să-ți accepți imperfecțiunile cu blândețe și înțelegere.

În această călătorie interioară, înveți să îți accepți și să îți iubești întreaga ființă, cu bune și cu rele. Începi să înțelegi că nu ești perfect și că greșelile pe care le faci fac parte din procesul de creștere și de învățare.

Începi să îți dai voie să fii vulnerabil și să îți exprimi emoțiile fără frică de a fi judecat sau respins.

În timp ce treci prin aceste schimbări interioare, începi să simți o pace interioară pe care nu ai mai experimentat-o de mult timp. Te simți mai conectat la tine însuți și la lumea din jurul tău. Înțelegi că fericirea nu vine din lucrurile materiale sau din succesul social, ci din starea de echilibru și armonie pe care o simți în interiorul tău.

Începi să te lași purtat de fluxul vieții, fără a mai încerca să controlezi totul în jurul tău. Îți dai seama că uneori este nevoie să te eliberezi de control și să încrezi în calea pe care viata o are pregătită pentru tine. Începi să înveți să fii mai deschis la schimbare și să te adaptezi la oportunitățile și provocările pe care le întâlnești pe drumul tău.

În această călătorie interioară, îți găsești forța interioară de a depăși obstacolele și de a înfrunta temerile care îți blochează calea. Îți dai seama că ai resursele necesare pentru a depăși orice provocare și că puterea ta interioară este mult mai mare decât îți imaginai vreodată.

Cu fiecare pas pe care îl faci pe acest drum al regăsirii echilibrului interior, simți cum îți crește încrederea în tine însuți și în potențialul tău de a trăi o viață autentică și împlinită. Simți că ești în armonie cu tine însuți și cu lumea din jurul tău, că ești în aliniere cu adevărul și cu înțelepciunea interioară care îți ghidează fiecare pas.

În această călătorie interioară, recunoști că fiecare experiență, fiecare emoție și fiecare gând pe care le ai sunt parte integrantă a propriei tale ființe. Înveți să le accepți și să le onorezi pe toate, pentru că ele contribuie la întregirea și la întărirea conștiinței tale. Înveți să fii mai blând cu tine însuți și să îți oferi iubire și compasiune în momentele de dificultate și de confuzie.

Și pe măsură ce călătoria ta interioară continuă, îți dai seama că echilibrul pe care îl cauți nu este un scop final, ci un proces continuu de autocunoaștere și autodezvoltare. Îți dai seama că nu există o destinație finală în această călătorie a sufletului, ci doar o căutare permanentă a adevărului și a autenticității tale.

Te simți recunoscător pentru toate lecțiile învățate și pentru toate experiențele trăite. Simți că ești mai înțelept și mai puternic decât erai la începutul călătoriei și că ești pregătit să faci față oricăror provocări.

Și în timp ce îți îndrepți privirea către viitor, simți că ești în aliniere cu adevărul tău interior și că ești capabil să trăiești o viață autentică și profund împlinită. Îți dorești să îți continui călătoria interioară, să îți descoperi mai profund esența și să îți trăiești viața în conformitate cu valorile și principiile tale cele mai înalte.

Îți dorești să împărtășești cu ceilalți înțelepciunea și învățăturile pe care le-ai dobândit în această călătorie a sufletului, să îi încurajezi și să îi inspire să-și regăsească echilibrul interior și să-și trăiască viața în aliniere cu propria lor adevăr. Astfel închei prezentarea continuarii poveștii călătoriei tale interioare spre regăsirea echilibrului interior.

În această călătorie interioară, îți dai seama că este important să îți accepți nu doar partea luminoasă, ci și partea întunecată a ființei tale. Îți dai seama că este important să îți confrunți fricile, neîncrederea sau furia pe care le poți simți și să le integrezi în întregul tău. În acest fel, nu mai ești divizat într-o parte bună și o parte rea, ci devii un întreg armonios, care poate să își accepte și să își iubească întreaga ființă.

Prin acceptarea și onorarea tuturor experiențelor și emoțiilor tale, începi să te conectezi mai profund cu tine însuți și cu ceilalți. Devii mai empatic și mai intuitiv, pentru că începi să îți recunoști și să îți asculte cu adevărat vocea interioară. Începi să îți dai seama că tot ceea ce întâlnești în exterior este un echou al experiențelor și gândurilor tale interioare și că ceea ce trăiești în prezent este rezultatul modului în care ai reacționat și ai ales să te comporți în trecut.

Pe măsură ce înaintezi în această călătorie interioară, începi să îți asumi responsabilitatea pentru propria ta fericire și pentru modul în care îți creionezi viața. Începi să îți dai seama că tu ești creatorul propriei realități și că ești singurul care poate să îți schimbe percepțiile și convingerile despre tine însuți și despre lumea din jur. Începi să îți conturezi o viziune clară a ceea ce îți dorești să fii și să faci în viață și să iei acțiuni conștiente și îndrăznețe în direcția viselor și aspirațiilor tale.

Această călătorie interioară te transformă și te aduce într-o conexiune mai profundă cu esența ta divină și cu esența divină a universului.

Începi să simți că ești parte dintr-un tot mai mare, că ești conectat la toate ființele și lucrurile din jurul tău. Începi să trăiești din inimă, din autenticitate și din iubire necondiționată, înțelegând că tot ceea ce faci și tot ceea ce trăiești are un impact nu doar asupra ta, ci și asupra întregii lumi.

Începi să trăiești din plin, în prezent, în armonie și în echilibru cu tot ceea ce există. Este o călătorie continuă, dar este una minunată și plină de învățăminte și transformări profunde. Este o călătorie către sine, către autenticitate și către iubirea necondiționată.

Avantajele și beneficiile unei călătorii interioare pentru propria dezvoltare personală și evoluție spirituală:

- Autocunoaștere și înțelegere profundă.

Călătoria interioară îți oferă oportunitatea de a te cunoaște pe tine însuți în profunzime și de a înțelege motivele și provocările care stau la baza comportamentelor și emoțiilor tale. Prin auto-reflecție și meditație, poți descoperi aspecte ascunse ale personalității tale și poți învăța să le accepți și să le gestionezi într-un mod mai sănătos și echilibrat.

- O mai mare încredere în sine.

Pe măsură ce te cunoști mai bine și îți înțelegi mai bine propria ființă, îți crește încrederea în tine însuți și în capacitatea ta de a face față provocărilor vieții. Înțelegerea și acceptarea propriei tale autenticități te ajută să te simți mai încrezător și mai echilibrat în deciziile pe care le iei și în acțiunile pe care le întreprinzi.

- Capacitatea de a gestiona emoțiile și stresul.

Călătoria interioară îți oferă instrumentele necesare pentru a-ți gestiona mai eficient emoțiile și stresul din viața ta. Prin practici de meditație, mindfulness și respirație conștientă, poți învăța să te eliberezi de tensiunea emoțională și să găsești o stare de liniște interioară chiar și în mijlocul unei situații tensionate sau dificile.

- Explorezi și dezvolți potențialul tău interior.

Călătoria interioară te încurajează să îți explorezi și să îți dezvolți potențialul interior, să descoperi talente și abilități ascunse sau nedescoperite până acum. Prin practici de vizualizare creativă și conexiune cu Sinele superior, poți accesa resurse interioare pe care nu știai că le ai și să îți folosești puterea interioară pentru a-ți îndeplini visele și obiectivele.

• Îți îmbunătățești relațiile interpersonale. Prin călătoria interioară, îți dezvolți mai mult empatia și înțelegerea față de ceilalți și acumulezi mai multe competențe de comunicare și relaționare sănătoasă. Înțelegându-te mai bine pe tine însuți, ești mai deschis și mai tolerant față de perspectivele și nevoile celor din jurul tău, ceea ce contribuie la relații mai armonioase și mai autentice.

Călătoria interioară este un proces continuu de descoperire și de evoluție personală, care aduce beneficii imense pentru dezvoltarea ta spirituală și pentru îmbunătățirea calității vieții tale. Prin autocunoaștere, autocompasiune și dezvoltare personală, devii o versiune mai autentică și mai echilibrată a ta însuți, capabilă de a trăi în armonie cu tine însuți și cu lumea din jurul tău.

În fața propriei tale vulnerabilități, înveți să accepți și să îmbrățișezi toate aspectele tale, bune sau rele. Îți dai seama că acestea fac parte din tine și că te definesc ca ființă umană.

În cabana din vârful muntelui, într-un loc liniștit și reconfortant, avem ocazia să ne conectăm cu noi înșine și să reflectăm asupra propriilor emoții, traume și vulnerabilități. Acest mediu natural ne oferă spațiu și timp pentru a săpat adânc în interiorul nostru și a învăța să ne acceptăm așa cum suntem, cu toate imperfecțiunile noastre.

Acceptarea propriei vulnerabilități înseamnă să ne recunoaștem propriile frici, nevoi și dorințe, fără a ne simți rușinați sau vinovați pentru ele. În loc să ne ascundem sau să negăm aceste aspecte ale noastre, ne confruntăm cu ele și le integrăm în identitatea noastră.

Acest proces poate fi dificil și uneori dureros, deoarece impune să ne privim în oglindă și să ne acceptăm așa cum suntem, chiar și atunci când simțim că suntem imperfecți sau vulnerabili.

Cu toate acestea, acceptarea propriei vulnerabilități ne poate ajuta să ne eliberăm de povara auto-judecății și să ne acceptăm așa cum suntem, fără a ne critica constant sau a ne pune presiune asupra noastră.

De asemenea, atunci când ne acceptăm vulnerabilitățile, ne oferim șansa de a ne vindeca și de a crește în moduri profunde și semnificative. Prin acceptarea și îmbrățișarea tuturor aspectelor noastre, putem să ne eliberăm de trecut și să ne dezvoltăm într-o persoană mai puternică și mai împlinită.

În același timp, acceptarea propriei vulnerabilități poate fi un proces de învățare și de creștere continuă, deoarece ne putem descoperi mereu noi aspecte și nuanțe ale sinelui nostru. Deși poate fi dificil să ne confruntăm cu propriile noastre vulnerabilități, acest proces ne poate oferi oportunitatea de a ne cunoaște mai bine și de a ne dezvolta într-o persoană mai autentică și mai autentică.

Odată ce ne acceptăm vulnerabilitățile, putem construi relații mai autentice și mai profunde cu cei din jurul nostru. Deoarece ne cunoaștem și ne acceptăm pe noi înșine, putem comunica mai deschis și mai sincer cu ceilalți și putem întâlni mai ușor empatie și înțelegere reciprocă.

Acceptarea propriei vulnerabilități este un proces important și indispensabil în călătoria noastră de autodescoperire și autorealizare. Prin acceptarea și îmbrățișarea tuturor aspectelor noastre, putem să ne eliberăm de povara criticii de sine și să ne acceptăm așa cum suntem, cu toate imperfecțiunile noastre. Acest proces ne poate ajuta să ne vindecăm și să creștem în moduri profunde și semnificative, într-un mod care ne poate oferi liniște și împlinire interioară.

Vulnerabilitatea este o parte naturală a experienței umane. Deși mulți dintre noi încearcă să o ascundă sau să o minimizeze, ea este esențială pentru o conexiune autentică și profundă cu ceilalți. Acceptarea propriei vulnerabilități poate fi un proces dificil și uneori dureros, dar este un pas important în construirea unor relații sănătoase și autentice.

Atunci când ne acceptăm vulnerabilitățile, ne permitem să fim autentici și sinceri cu cei din jurul nostru. Nu mai simțim nevoia de a ne ascunde sau a ne proteja emoțiile și gândurile profunde. Aceasta deschide calea pentru o comunicare mai deschisă și mai sinceră, în care putem împărtăși cu ceilalți sentimentele noastre cele mai intime și vulnerabile.

O parte importantă a acceptării vulnerabilității este recunoașterea propriilor slăbiciuni și nevoi. În loc să încercăm să fim perfecți sau să ne ascundem sentimentele, ne putem exprima cu sinceritate dorințele și temerile noastre. Această vulnerabilitate ne poate face să ne simțim expuși și slabi, dar în același timp ne poate ajuta să ne conectăm cu ceilalți într-un mod mai profund și mai autentic.

Atunci când ne acceptăm propriile vulnerabilități, putem întâlni mai ușor empatie și înțelegere reciprocă în relațiile noastre. A fi vulnerabil nu înseamnă a fi slab sau neputincios, ci înseamnă a fi uman și a-ți permite să fii vulnerabil în fața celorlalți. Această deschidere și sinceritate pot construi un pod de înțelegere și conectare între oameni.

Un alt beneficiu al acceptării vulnerabilității în relațiile interpersonale este capacitatea de a oferi și primi sprijin emoțional. Atunci când ne deschidem și ne arătăm vulnerabilitatea, le oferim celor din jur posibilitatea de a ne ajuta și susține în momentele dificile. La rândul lor, ceilalți pot fi inspirați să-și exprime propria vulnerabilitate și să ofere sprijin reciproc într-un mod sincer și autentic.

Acceptarea vulnerabilității ne poate ajuta, de asemenea, să gestionăm mai bine conflictele în relațiile noastre. Atunci când ne deschidem și recunoaștem propriile slăbiciuni, putem fi mai dispuși să ascultăm și să înțelegem punctul de vedere al celorlalți. Acest lucru poate crea un spațiu de dialog și rezolvare a conflictelor bazat pe empatie și înțelegere reciprocă

Pe lângă beneficiile la nivel individual, acceptarea vulnerabilității în relațiile interpersonale poate duce la o schimbare pozitivă în dinamica relației în ansamblu. Atunci când amândoi partenerii sunt deschiși și sinceri în comunicare, se poate crea un climat de încredere și respect reciproc. Acest lucru poate consolida legătura dintre cei doi și poate contribui la o relație mai profundă și mai autentică.

Este important să ne amintim că acceptarea vulnerabilității nu înseamnă să ne expunem la risc sau să ne supunem abuzului. Este important să stabilim limite sănătoase în relațiile noastre și să ne asigurăm că ne simțim în siguranță și susținuți în exprimarea vulnerabilității noastre. De asemenea, este important să ne asigurăm că și ceilalți sunt dispuși să ofere sprijin și să fie deschiși și sinceri în relația lor cu noi.

Acceptarea vulnerabilității este crucială pentru construirea unor relații autentice și profunde cu cei din jurul nostru. Prin acceptarea și exprimarea sinceră a propriilor slăbiciuni și nevoi, putem întâlni empatie și înțelegere reciprocă în relațiile noastre. A fi vulnerabil nu înseamnă a fi slab, ci înseamnă a fi uman și a ne permite să fim autentici și sinceri în relațiile noastre interpersonale. Acceptarea vulnerabilității poate crea un mediu de încredere și deschidere în relațiile noastre, contribuind la o conexiune mai profundă și mai autentică cu cei din jurul nostru.

Întâlnirea cu propria putere interioară

Pe măsură ce devii tot mai conștient de propria putere interioară, începi să-ți recunoști și să-ți valorifici resursele interioare. În loc de a te teme de ele, le abordezi cu curaj și încredere.

această putere îți aduce o stare de echilibru și siguranță interioară, care se reflectă în toate aspectele vieții tale. Te simți mai încrezător în propriile tale abilități și decizii, și începi să te ridici deasupra fricilor și îndoielilor care te-au ținut în loc până acum.

Descoperirea și conectarea cu propria ta putere interioară îți oferă o perspectivă nouă asupra vieții și a a ceea ce ești capabil să realizezi. Începi să-ți descoperi resursele ascunse și să le folosești în beneficiul tău și al celor din jurul tău. În loc să te mai simți vulnerabil sau neputincios, te simți puternic și capabil să faci față oricăror provocări.

Într-o zi în care te retragi în cabana ta din vârful muntelui, îți dai seama că acel loc a devenit un sanctuar al puterii tale interioare. Aici, te simți în siguranță și te poți conecta cu partea ta cea mai autentică și mai puternică.

În liniștea naturii, reușești să-ți asculte vocea interioară și să-ți accesezi intuiția și înțelepciunea interioară.

Te simți energizat și inspirat de această întâlnire profundă cu propria ta putere interioară și îți dai seama că ai capacitatea de a-ți transforma viața în moduri pe care nu le-ai fi putut niciodată imagina. Te simți împlinit și plin de recunoștință pentru că ai avut oportunitatea de a descoperi și a valora această putere interioară.

În următoarele zile și săptămâni, te lași ghidat de această putere interioară, luând decizii curajoase și acționând în conformitate cu valorile și dorințele tale cele mai profunde. În relațiile tale, te simți mai conectat și autentic, iar în munca ta, simți că poți realiza lucruri mari și să aduci schimbări pozitive în lume.

Realizarea că ai acces la o astfel de putere interioară îți oferă o stare de pace interioară și de împlinire pe care nu ai mai simțit-o niciodată înainte. Te simți conectat cu tine însuți și cu lumea din jurul tău și știi că ești pregătit să faci față oricăror provocări sau obstacole care îți vor ieși în cale.

Înțelegi că puterea ta interioară este cea care te va ghida pe drumul tău și te va ajuta să atingi potențialul tău maxim în viață.

În momentul în care te retragi într-o cabană izolată în vârful unui munte, departe de zgomotul orașului și aglomerația cotidiană, îți oferi șansa de a te conecta cu tine însuți într-un mod complet nou.

Liniștea și pacea naturii te învăluie, iar tu simți cum bătăile inimii tale devin mai lente și mai regulate. Îți respiri cu grijă și îți eliberezi mintea de gândurile agitate. În această atmosferă liniștită, începi să simți cum energia ta interioară începe să se activeze.

Cu ochii închiși, îți concentrezi atenția către centrul ființei tale. Îți imaginezi o sursă luminată de energie, care pulsează puternic în interiorul tău. Este forța ta interioară, care așteaptă să fie descoperită și folosită în scopul împlinirii tale.

Începi să te simți mai puternic, mai încrezător în tine însuți. În loc să te bazezi pe factori externi pentru a-ți determina valoarea, începi să-ți recunoști propria putere interioară. Îți dai seama că ești capabil să faci față oricăror provocări și obstacole care îți ies în cale.

Prin meditație și contemplare, începi să descoperi resurse neatinse în tine. Îți amintești de momentele în care ai avut curajul să îți asumi riscuri și să îți urmezi pasiunile. Îți reamintești de momentele în care ai simțit o forță interioară pe care nu știai că o ai.

Cu fiecare respirație, îți îmbrățișezi tot mai mult puterea interioară. Nu mai îți temi vulnerabilitățile sau slăbiciunile, ci le permiți să te facă mai uman și mai puternic în același timp. În loc să fugi de ele, le integrezi în propria ta ființă, transformându-le într-o sursă de învățare și creștere.

În această întâlnire cu propria ta putere interioară, îți dai seama că ești mult mai mult decât aparențele tale exterioare. Ești o forță vie, care pulsează în armonie cu Universul. Îți amintești că ești conectat la o energie mai mare, care îți oferă suport și îndrumare.

De îndată ce începi să-ți folosești puterea interioară în mod conștient, începi să vezi schimbările în viața ta. Iei decizii mai înțelepte și acțiuni mai aliniate cu adevărata ta natură. Te simți mai echilibrat și mai în armonie cu tine însuți și cu lumea din jurul tău.

Întâlnirea cu propria putere interioară în cabana din vârful muntelui devine un moment de transformare și eliberare. Îți dai seama că ești capabil să faci lucruri extraordinare și să trăiești o viață plină de sens și satisfacție. Îți amintești că ești o ființă puternică și creatoare, înzestrată cu resurse infinite.

Întâlnirea cu propria putere interioară într-o cabană din vârful muntelui poate fi o experiență profundă și transformatoare. Prin conectarea cu energia ta interioară, îți reamintești de adevărata ta natură și de potențialul tău infinit. Pentru a-ți cultiva această legătură cu propria ta putere interioară, este important să îți acorzi timp și spațiu pentru meditație, contemplare și autocunoaștere. În acest fel, vei descoperi o sursă inepuizabilă de forță și încredere, care te va ghida pe drumul tău către autenticitate și împlinire.

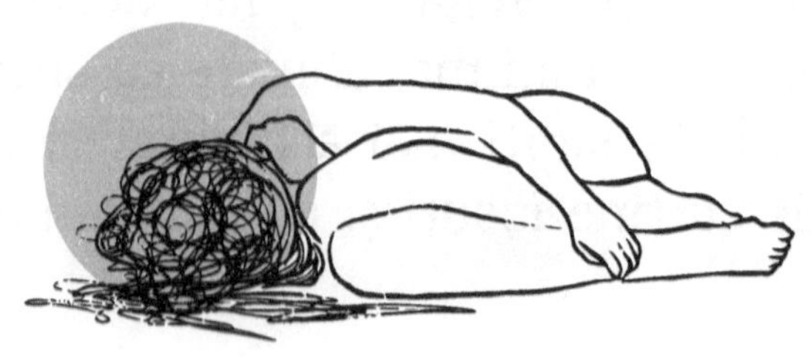

Eliberarea de trecut

Călătoria psihologică devine și mai profundă pe măsură ce începi să te eliberezi de povara trecutului. Îți ierți greșelile și îți vindeci rănile emoționale, lăsând loc pentru noi începuturi și posibilități.

Izolarea în vârful muntelui, în căbănuța mică, poate oferi o oportunitate unică de a te conecta cu tine însuți și de a te elibera de trecut. În liniștea naturii, departe de zgomotul și agitația vieții de zi cu zi, poți găsi un spațiu sacru în care să reflectezi asupra experiențelor trecute și să începi să-ți vindeci rănile emoționale.

Cu cât te retragi mai mult în natură, cu atât devii mai conștient de emoțiile tale interioare și de modul în care trecutul îți influențează prezentul. Poate că ai păstrat ani de zile resentimente, frici și traume nerezolvate în adâncurile ființei tale, iar acum ai ocazia să le aduci la lumină și să le îmbrățișezi cu iubire și acceptare.

În vârful mutele, cu frunzele copacilor dansând ușor în vânt și cu râul curgând în surdina, îți poți găsi pacea interioară și claritatea mentală necesare pentru a-ți ierta trecutul și pentru a-ți lăsa în urmă bagajul emoțional greu.

Când începi să te deschizi și să îți accepți vulnerabilitatea, poți simți cum greutatea trecutului începe să se elibereze și să facă loc pentru o nouă lumină și înțelegere. Poate că începi să îți revezi greșelile din alt unghi, să îți înțelegi mai bine motivațiile sau să descoperi resurse interioare ascunse până acum.

Prin meditație, introspecție și conectare cu natura, poți începe să construiești o relație mai sănătoasă cu tine însuți și cu trecutul tău. Poți învăța să îți onorezi și să îți prețuiești experiențele anterioare, fără să te definească sau să te limiteze în prezent.

Poate că începi să îți dai seama că trecutul nu te definește, ci te-a format și a contribuit la evoluția ta ca ființă umană. Poate că începi să îți asumi responsabilitatea pentru propria fericire și să îți construiești un viitor bazat pe iubire, compasiune și autenticitate.

Pe măsură ce experiența ta în căbănuța mică de pe vârful mutele devine mai profundă și mai autentică, simți cum rănile tale emoționale se vindecă treptat și cum devii tot mai conectat la esența ta autentică și la puterea interioară.

Deși procesul de vindecare psihologică poate fi uneori dificil și dureros, este o călătorie necesară și benefică pentru a te elibera de trecut și a-ți reînnoi perspectiva și încrederea în sine. Prin conexiunea cu natura și prin acceptarea profundă a sinelui tău, poți descoperi că ești mai puternic și mai rezistent decât credeai și că ești capabil să te vindeci și să te regăsești într-un mod autentic și sincer. Vârful mutele și căbănuța mică reprezintă un spațiu sacru și sigur în care să îți explorezi și să îți vindeci trecutul, să te reconectezi cu sinele tău interior și să îți construiești un viitor bazat pe iubire și înțelegere. Prin acceptarea și iertarea profundă a trecutului, poți deschide calea către o transformare profundă și autentică a ființei tale și către redescoperirea adevăratei tale naturi și potențiale. Poți reflecta asupra experiențelor tale trecute, asupra traumelor și rănilor emoționale pe care le-ai suferit și poți începe să le vindeci printr-o acceptare profundă și o iertare a sinelui tău.

Poate fi dificil să faci față unor amintiri dureroase sau traume din trecut, dar prin acceptarea și validarea emoțiilor tale, poți elibera tensiunea și durerea din corpul tău.

Poți începe să îți accepți trecutul și să îți asumi responsabilitatea pentru propria ta vindecare, fără să te judeci sau să te critici pentru ceea ce s-a întâmplat.

În același timp, conexiunea cu natura din jurul tău poate fi un catalizator puternic pentru vindecare. Prin a petrece timp în mijlocul naturii, poți simți o conexiune profundă și autentică cu lumea înconjurătoare, ceea ce poate îmbunătăți starea ta de bine și îți poate aduce liniște și pace interioară. Poți fi martor la frumusețea și armonia naturii și poți învăța să te lași ghidat de această conexiune în propria ta călătorie de vindecare.

Pe măsură ce te vindeci și te regăsești în căbănuța ta mică de pe vârful muntelui, vei începe să îți recâștigi încrederea în sine și vei descoperi puterea interioară de care dispui. Poți simți că ești mai conectat la esența ta autentică și că ești capabil să îți trăiești viața în armonie cu această esență. Poți simți că ești mai deschis și mai pregătit să îți îmbrățișezi emoțiile și să explorezi adâncimile ființei tale.

În cele din urmă, călătoria ta în căbănuța mică de pe vârful muntelui poate fi o experiență transformatoare și eliberatoare.

Poți să descoperi că vindecarea și regăsirea ta nu sunt doar procese individuale, ci și un dar pe care îl poți oferi celorlalți în jurul tău. Poți deveni o sursă de inspirație și de încurajare pentru cei care își caută propriul drum către vindecare și autenticitate. Poți fi exemplul că este posibil să îți găsești pacea interioară și să trăiești o viață autentică și împlinită.

Prin urmare, nu înceta să explorezi și să te deschizi către propria ta călătorie de vindecare și autodescoperire. Fiecare moment petrecut în căbănuța ta mică de pe vârful muntelui este un pas înainte către libertatea interioară și către regăsirea sinelui. Fii deschis, fii curios și fii pregătit să îți explorezi adâncimile ființei tale.

Ești mai puternic decât crezi
și ești capabil să te vindeci și să te regăsești
într-un mod autentic și sincer.

Cu inima și mintea împăcate, te pregătești să te întorci către lumea exterioară, aducând cu tine învățămintele și lecțiile învățate în călătoria ta interioară. Te simți mai puternic și mai înțelept, gata să faci față oricăror provocări care îți stau în cale.

Îți iei rucsacul în spate și începi să cobori treptat pe poteca îngustă a muntelui, privindu-te în jur cu recunoștință și admirație pentru frumusețea și liniștea pe care le-ai experimentat în acele zile de izolare și contemplare. Simți o legătură profundă cu natura și cu tine însuți, o conexiune pe care ți-ai cultivat-o cu atâta grijă în perioada petrecută în refugiu.

Pe măsură ce te apropii de baza muntelui, începi să auzi sunetele vesele ale păsărilor și mirosul proaspăt al ierbii și al florilor de primăvară. Aerul este plin de viață și de energie, iar tu simți că ești pregătit să te reintegrezi în lumea agitată și plină de provocări din care ai fugit pentru un timp.

Când ajungi în sat, oamenii te întâmpină cu zâmbete calde și cu întrebări curioase despre experiența ta în munte.

Le povestești cu pasiune despre învățăturile pe care le-ai dobândit și despre transformările pe care le-ai trăit în acele zile de singurătate și contemplare. Oamenii ascultă cu admirație și cu respect, recunoscând în tine un înțelept și un călător al sufletului.

În următoarele zile, te reintegrezi treptat în ritmul agitat al vieții cotidiene, îți reiei responsabilitățile și îți continui activitățile obișnuite. Cu toate acestea, ai simțul că ești alt om acum, că ai dobândit o nouă perspectivă asupra lumii și că ești mai conectat cu tine însuți și cu cei din jurul tău.

Îți asumi cu hotărâre provocările și dificultățile pe care le întâlnești, dar o faci cu încredere și cu echilibru, știind că ai resursele interioare necesare pentru a le înfrunta. Te bucuri de fiecare moment în care poți să te oprești și să contempli frumusețea din jurul tău și te bucuri de simpla prezență a celor dragi din viața ta.

În cele din urmă, te simți recunoscător pentru călătoria ta în căbănuța din vârful muntelui și pentru toate lecțiile și învățămintele pe care le-ai adus cu tine înapoi în lumea exterioară.

Te simți alinat și împlinit, gata să îți continui călătoria pe drumul vieții cu inimă deschisă și minte limpede.

Întoarcerea către lumea exterioară poate fi un proces delicat și dificil, deoarece te reintegrezi în ritmul rapid și agitat al vieții moderne. Poate fi greu să te adaptezi din nou la zgomotul orașului, la aglomerația de oameni și la stresul cotidian. Dar, cu toate acestea, îți amintești că ești acum un om schimbat, că ai experimentat transformări profunde și că deții acum o înțelegere mai profundă a lumii și a ta însuți.

Cu aceste gânduri și sentimente în minte, te pregătești să faci față provocărilor și obstacolelor pe care le întâlnești la revenirea ta. Ai acum încredere în tine și în puterea ta interioară de a depăși orice dificultate și de a înfrunta orice provocare. Știi că ai acum resursele necesare pentru a te adapta și a te integra în lumea exterioară, fără să-ți pierzi echilibrul interior și înțelepciunea dobândită în timpul revelației tale.

Îți amintești de lecțiile învățate în natură, de conexiunea ta profundă cu pământul și cu universul, de frumusețea simplă a lucrurilor și de pacea interioară pe care ai găsit-o în tăcerea și liniștea munților.

Aceste amintiri îți dau putere și încredere în capacitatea ta de a face față oricărei provocări și de a menține echilibrul și armonia în mijlocul agitației și zgomotului lumii exterioare.

Îți amintești și de legătura ta cu natura și cu mediul înconjurător, de responsabilitatea ta de a proteja și de a respecta frumusețea și echilibrul acestuia. Te întorci către lumea exterioară cu o nouă conștiință și cu o nouă înțelegere a importanței conservării și protejării mediului înconjurător pentru generațiile viitoare.

În călătoria ta spre lumea exterioară, îți propui să împărtășești cu ceilalți experiența ta și învățămintele dobândite în timpul retraierii tale. Vrei să aduci o rază de lumină și de înțelepciune în viața celor din jur, să îi inspiri și să îi încurajezi să caute și ei pacea și înțelepciunea interioară în mijlocul agitației și zgomotului lumii exterioare.

Reîntoarcerea ta către lumea exterioară este un act de curaj și de încredere în tine însuți. Ai acum certitudinea că ești înzestrat cu resursele necesare pentru a face față oricărei provocări și pentru a menține echilibrul și armonia în mijlocul agitației și a stresului cotidian.

Continuarea călătoriei

Călătoria psihologică este un proces continuu, care nu se termină odată ce te întorci către lumea exterioară. Continui să explorezi, să descoperi și să te transformi pe parcursul întregii tale vieți, aducând lumină și înțelepciune în fiecare colț ascuns al ființei tale.

 Călătoria psihologică este un proces complex și fascinant, ce implică explorarea profundă a sinelui, conștientizarea propriilor emoții, gânduri și comportamente, dar și transformarea acestora în direcția dorită. Acest proces nu se oprește odată ce s-a încheiat un anumit capitol sau o anumită experiență de viață, ci continuă să evolueze și să se dezvolte pe tot parcursul vieții noastre.

Fiecare persoană are propria sa călătorie psihologică, unica și personală, ce începe în momentul în care devine conștientă de sine și de propriile emoții și gânduri. Această călătorie poate fi provocatoare și uneori dificilă, dar este și extrem de benefică și revelatoare, aducând lumină și înțelepciune în fiecare colț ascuns al ființei noastre.

În continuare, vom explora mai în detaliu diverse aspecte ale călătoriei psihologice și cum aceasta poate influența și transforma viețile noastre:

Explorarea sinelui.

Explorarea sinelui este unul dintre pilonii de bază ai călătoriei psihologice. Este important să ne cunoaștem și să înțelegem cine suntem cu adevărat, să explorăm adâncurile ființei noastre și să descoperim aspecte ascunse sau neglijate ale personalității noastre.

În timpul acestei explorări, putem întâlni și accepta diferite părți ale sinelui nostru, inclusiv cele mai întunecate și mai puțin plăcute. Este important să nu fugim de aceste aspecte, ci să le acceptăm și să le integrăm în ființa noastră, astfel încât să putem evolua și să ne transformăm într-un mod echilibrat și armonios.

Conștientizarea emoțiilor și gândurilor.

Un alt aspect esențial al călătoriei psihologice este conștientizarea emoțiilor și gândurilor noastre. Mulți dintre noi tindem să ignorăm sau să suprimăm anumite emoții sau gânduri negative, considerându-le neplăcute sau nedorite. Cu toate acestea, este important să ne confruntăm cu ele și să le acceptăm ca parte integrantă a ființei noastre.

Transformarea și evoluția personală.

Pe măsură ce explorăm sinelui, conștientizăm emoțiile și gândurile noastre, putem începe să ne transformăm și să evoluăm în moduri surprinzătoare și benefice. Transformarea personală este un proces continuu și dinamic, ce poate fi influențat de experiențele de viață, de relațiile pe care le avem și de modul în care ne gestionăm emoțiile și gândurile.

Câteodată, transformarea personală poate fi provocatoare și dureroasă, dar este esențială pentru creșterea și dezvoltarea noastră ca ființe umane. Prin acceptarea schimbării și a tranziției, putem descoperi noi aspecte ale personalității noastre și putem deveni versiuni mai bune și mai autentice ale sinelui nostru.

Gestionarea stresului și a provocărilor.

Pe parcursul călătoriei psihologice, ne putem confrunta cu numeroase stresuri și provocări, care ne pot pune la încercare reziliența și echilibrul emoțional. Este important să învățăm să gestionăm stresul și dificultățile într-un mod sănătos și constructiv, fără a ne lăsa copleșiți sau depășiți de emoții negative.

Există diverse tehnici și strategii pe care le putem folosi pentru a gestiona stresul și provocările, cum ar fi meditația, exercițiile de respirație, activitățile creative sau terapia psihologică. Aceste instrumente ne pot ajuta să ne regăsim echilibrul interior și să facem față cu succes situațiilor dificile cu care ne confruntăm.

Călătoria psihologică nu este niciodată ușoară sau liniștită, dar este extrem de valoroasă și benefică pentru evoluția și dezvoltarea noastră pe plan personal și emoțional. Prin explorarea sinelui, conștientizarea emoțiilor și gândurilor noastre, transformarea și evoluția personală, dar și gestionarea stresului și a provocărilor, putem descoperi adevărata esență a ființei noastre și putem deveni versiuni mai autentice și mai fericite ale sinelui nostru.

Fiecare pas în această călătorie ne îndreaptă către o mai mare înțelegere de sine și o mai mare armonie interioară, ajutându-ne să ne gestionăm mai eficient emoțiile și să ne eliberăm de constrângerile care ne limitează evoluția. Prin continuarea acestei călătorii, putem descoperi noi aspecte ale personalității noastre, putem vindeca rănile interioare și putem crește și înflori în toată splendoarea noastră.

Deci, îmbrățișează călătoria ta psihologică cu curaj și deschidere, fii receptiv la schimbare și nu te teme de ceea ce ai de descoperit în adâncurile ființei tale. Fiecare pas făcut în această călătorie este o oportunitate de creștere și transformare, o călătorie către sine și către adevărata ta natură.

**Copyright 2024
autor:Mariana C.**

www.ingramcontent.com/pod-product-compliance
Lightning Source LLC
Chambersburg PA
CBHW021754150726
47989CB00004B/1659